Kinderlieder

Texte und Melodien

Philipp Reclam jun. Stuttgart

Notensatz: Peter Stahmer, Karlsruhe
Vignetten: Andreas Röckener, Oststeinbek
Umschlaggestaltung: Finken & Bumiller, Stuttgart
Satz und Druck: Reclam, Ditzingen
Buchbinderische Verarbeitung: Kösel, Krugzell
Printed in Germany 2007
RECLAM ist eine eingetragene Marke
der Philipp Reclam jun. GmbH & Co., Stuttgart
ISBN 978-3-15-010630-3

www.reclam.de

Inhalt

Morgen und Abend

Jahreskreis

Spiel und Tanz

Handwerker

Tiere

Morgen und Abend

Wachet auf, wachet auf

Kanon zu zwei Stimmen

Text und Melodie: Johann Jakob Wachsmann (1791–1853)

Jeden Morgen geht die Sonne auf

2. Jeden Morgen aus den Wiesengründen
heben weiße Schleier sich ins Licht,
uns der Sonne Morgengang zu künden,
ehe sie das Wolkentor durchbricht.

3. Jeden Morgen durch des Waldes Halle
hebt der Hirsch sein mächtiges Geweih,
der Pirol und dann die Vöglein alle
stimmen an die große Melodei.

4. Jeden Morgen geht die Sonne auf
in der Wälder wundersamer Runde.
Und die schöne, scheue Schöpferstunde;
jeden Morgen nimmt sie ihren Lauf.

Text: Hermann Claudius (1878–1985). Melodie: Karl Marx (1897–1985). –

Bruder Jakob

Kanon zu vier Stimmen

Are you sleeping, are you sleeping,
brother John, brother John,
||: morning bells are ringing, :||
ding ding dong, ding ding dong.

Frère Jacques, Frère Jacques
dormez-vous, dormez-vous?
||: Sonnez les matines, :||
ding ding dong, ding ding dong.

Volkslied aus Frankreich

Morgens früh um sechs

2. Morgens früh um sieb'n
schabt sie gelbe Rüb'n.

3. Morgens früh um acht
wird Kaffee gemacht.

4. Morgens früh um neun
geht sie in die Scheun'.

5. Morgens früh um zehn
holt sie Holz und Spän'.

6. Feuert an um elf,
kocht dann bis um zwölf.

Volkslied

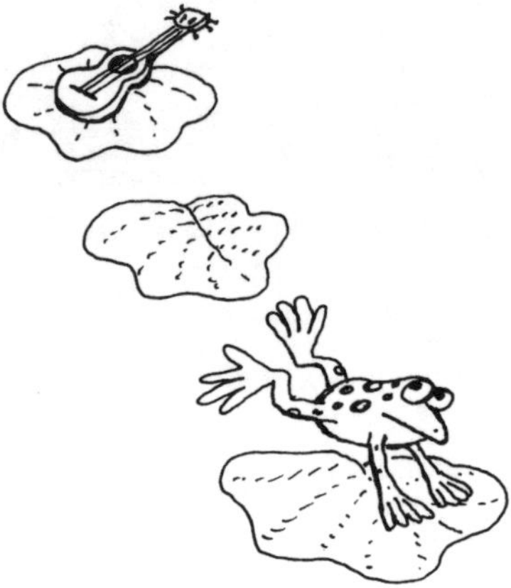

Schlaf, Kindlein, schlaf!

2. Schlaf, Kindlein, schlaf!
Am Himmel ziehn die Schaf':
Die Sternlein sind die Lämmerlein,
der Mond, der ist das Schäferlein.
Schlaf, Kindlein, schlaf!

3. Schlaf, Kindlein, schlaf!
So schenk ich dir ein Schaf
mit einer goldnen Schelle fein,
das soll dein Spielgeselle sein.
Schlaf, Kindlein, schlaf!

4. Schlaf, Kindlein, schlaf!
Geh fort und hüt die Schaf'.
Geh fort, du schwarzes Hündelein,
und weck mir nicht mein Kindelein!
Schlaf, Kindlein, schlaf!

Text: Joachim Heinrich Campe (1746–1818). Melodie: Johann Friedrich Reichardt (1752–1814)

Kindlein mein, schlaf doch ein

2. Kindlein mein, schlaf nun ein,
Vöglein fliegt vom Baume,
fliegt geschwind zu mein'm Kind,
singt ihm vor im Traume.
Eia, eia, Wieglein mein,
schlaf, mein Kindlein, schlaf nun ein.

Volkslied aus Mähren

Die Blümelein, sie schlafen

2. Die Vögelein, sie sangen
so süß im Sonnenschein,
sie sind zur Ruh' gegangen
in ihre Nestchen klein.
Das Heimchen in dem Ährengrund,
es tut allein sich kund.

3. Sandmännchen kommt geschlichen
und guckt durchs Fensterlein,
ob irgend noch ein Liebchen
nicht mag zu Bette sein,
und wo er noch ein Kindchen fand,
streut er ins Aug' ihm Sand.

Text: Friedrich von Spee (1591–1653). Melodie: Anton Wilhelm Florentin von Zuccalmaglio (1803–1869)

Guten Abend, gut' Nacht

2. Guten Abend, gut' Nacht,
von Englein bewacht,
die zeigen im Traum
dir Christkindleins Baum.
||: Schlaf nun selig und süß,
schau im Traum 's Paradies. :||

Text: 1. Strophe aus *Des Knaben Wunderhorn* (1808); 2. Strophe von Georg Scherer (1828–1909). Melodie: nach Johannes Brahms (1833–1897), *Wiegenlied* op. 49,4

Der Mond ist aufgegangen

2. Wie ist die Welt so stille,
und in der Dämmrung Hülle
so traulich und so hold,
als eine stille Kammer,
wo ihr des Tages Jammer
verschlafen und vergessen sollt.

3. Seht ihr den Mond dort stehen?
Er ist nur halb zu sehen,
und ist doch rund und schön!
So sind wohl manche Sachen,
die wir getrost belachen,
weil unsre Augen sie nicht sehn.

4. Wir stolze Menschenkinder
sind eitel arme Sünder,
und wissen gar nicht viel;
wir spinnen Luftgespinste,
und suchen viele Künste,
und kommen weiter von dem Ziel.

5. So legt euch denn, ihr Brüder,
in Gottes Namen nieder;
kalt ist der Abendhauch.
Verschon uns, Gott! mit Strafen
und lass uns ruhig schlafen!
Und unsern kranken Nachbar auch!

Text: Matthias Claudius (1740–1815). Melodie: Johann Abraham Peter Schulz (1747–1800)

Weißt du, wie viel Sternlein stehen

2. Weißt du, wie viel Mücklein spielen
in der heißen Sonnenglut,
wie viel Fischlein auch sich kühlen
in der hellen Wasserflut?
Gott, der Herr, rief sie mit Namen,
dass sie all' ins Leben kamen,
dass sie nun so fröhlich sind.

3. Weißt du, wie viel Kinder frühe
stehn aus ihren Bettlein auf,
dass sie ohne Sorg' und Mühe
fröhlich sind im Tageslauf?
Gott im Himmel hat an allen
seine Lust, sein Wohlgefallen,
kennt auch dich und hat dich lieb.

Text: Wilhelm Hey (1789–1854). Melodie: Volksweise, um 1840 erstmals aufgezeichnet

Guter Mond, du gehst so stille

2. Guter Mond, du wandelst leise
an dem blauen Himmelszelt,
wo dich Gott zu seinem Preise
hat als Leuchte hingestellt.
Blicke traulich zu uns nieder
durch die Nacht aufs Erdenrund.
Als ein treuer Menschenhüter
tust du Gottes Liebe kund.

3. Guter Mond, so sanft und milde
glänzest du im Sternenmeer,
wallest in dem Lichtgefilde
still und feierlich daher.
Menschentröster, Gottesbote,
der auf Friedenswolken thront,
zu der schönsten Morgenröte
führst du uns, o guter Mond.

Volkslied, um 1800

Abends will ich schlafen gehn

Text: Adelheid Wette (1858–1916). Melodie: Engelbert Humperdinck (1854–1921), *Hänsel und Gretel*, Märchenspiel in drei Bildern (Duett von Hänsel und Gretel im 2. Bild)

Müde bin ich, geh' zur Ruh

2. Hab ich Unrecht heut getan,
sieh es, lieber Gott, nicht an!
Deine Gnad' und Jesu Blut
macht ja allen Schaden gut.

3. Alle, die mir sind verwandt,
Gott, lass ruhn in deiner Hand!
Alle Menschen, groß und klein,
sollen dir befohlen sein.

4. Kranken Herzen sende Ruh,
nasse Augen schließe zu;
lass den Mond am Himmel stehn
und die stille Welt besehn.

Text: Luise Hensel (1798–1876). Melodie: Georg Witthauer (1750–1802)

Jahreskreis

Es war eine Mutter

2. Der Frühling bringt Blumen, der Sommer den Klee,
der Herbst, der bringt Trauben, der Winter den
Schnee.

Volkslied aus Baden

Im Märzen der Bauer

2. Die Bäurin, die Mägde, sie dürfen nicht ruhn,
   sie haben im Haus und im Garten zu tun;
   sie graben und rechen und singen ein Lied
   und freun sich, wenn alles schön grünet und blüht.

3. So geht unter Arbeit das Frühjahr vorbei,
   dann erntet der Bauer das duftende Heu;
   er mäht das Getreide, dann drischt er es aus:
   im Winter, da gibt es manch fröhlichen Schmaus.

Mährisches Volkslied aus dem 19. Jahrhundert

Es tönen die Lieder

Kanon zu drei Stimmen

Text: Heinrich Hoffmann von Fallersleben (1798–1874). Melodie: Volksweise aus dem 19. Jahrhundert

Jetzt fängt das schöne Frühjahr an

2. Es blühen Blümlein auf dem Feld,
sie blühen weiß, blau, rot und gelb,
es gibt nichts Schöner's auf der Welt.

3. Jetzt geh ich über Berg und Tal,
da hört man schon die Nachtigall
auf grüner Heid' und überall.

Text: 19. Jahrhundert. Melodie: Volksweise

Alle Vögel sind schon da

2. Wie sie alle lustig sind,
flink und froh sich regen!
Amsel, Drossel, Fink und Star
und die ganze Vogelschar
wünschen uns ein frohes Jahr,
lauter Heil und Segen.

3. Was sie uns verkünden nun,
nehmen wir zu Herzen:
Wir auch wollen lustig sein,
lustig wie die Vögelein,
hier und dort, feldaus, feldein
singen, springen, scherzen!

Text: Heinrich Hoffmann von Fallersleben (1798–1874). Melodie: Ende des 17. Jahrhunderts

Trarira, der Sommer, der ist da!

2. Trarira, der Sommer, der ist da!
   Wir woll'n hinter die Hecken
   und woll'n den Sommer wecken.
   Ja, ja, ja, der Sommer, der ist da!

3. Trarira, der Sommer, der ist da!
   Der Winter ist zerronnen,
   der Sommer hat begonnen.
   Ja, ja, ja, der Sommer der ist da!

Pfälzisches Volkslied aus dem 18. Jahrhundert

Bunt sind schon die Wälder

2. Wie die volle Traube
aus dem Rebenlaube
purpurfarbig strahlt!
Am Geländer reifen
Pfirsiche, mit Streifen
rot und weiß bemalt.

3. Flinke Träger springen
und die Mädchen singen,
alles jubelt froh!
Bunte Bänder schweben
zwischen hohen Reben
auf dem Hut von Stroh.

4. Geige tönt und Flöte
bei der Abendröte
und im Mondesglanz;
junge Winzerinnen
winken und beginnen
frohen Erntetanz.

Text: Johann Gaudenz von Salis-Seewis (1762–1834). Melodie: Johann Friedrich Reichardt (1752–1814)

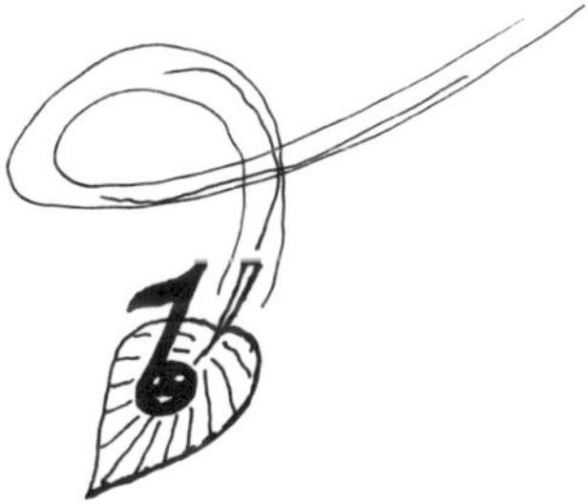

In meinem kleinen Apfel

2. In jedem Stübchen wohnen
zwei Kernchen schwarz und fein,
die liegen drin und träumen
vom lieben Sonnenschein.

3. Sie träumen auch noch weiter
gar einen schönen Traum,
wie sie einst werden hängen
am lieben Weihnachtsbaum.

Text: volkstümlich. Melodie: nach Wolfgang Amadeus Mozart (1756–1791), *Die Zauberflöte*, 1. Akt, Finale (»Das klinget so herrlich«)

Ein Männlein steht im Walde

2. Das Männlein steht im Walde
auf einem Bein
und hat auf seinem Haupte
schwarz' Käpplein klein.
Sagt, wer mag das Männlein sein,
das da steht im Wald allein
mit dem kleinen schwarzen Käppelein?

Text: Heinrich Hoffmann von Fallersleben (1798–1874). Melodie: niederrheinische Volksweise

Laterne, Laterne

Volkslied

Ich geh mit meiner Laterne

Volkslied aus Norddeutschland

Schneeflöckchen, Weißröckchen

2. Komm, setz dich ans Fenster,
du lieblicher Stern;
malst Blumen und Blätter,
wir haben dich gern.

3. Schneeflöckchen, du deckst uns
die Blümelein zu,
dann schlafen sie sicher
in himmlischer Ruh.

Text: nach Hedwig Haberkern (1837–1902). Melodie: Volksweise

ABC, die Katze lief im Schnee

Text: alter Kinderreim. Melodie: Volksweise aus Sachsen

Winter, ade!

Text: Heinrich Hoffmann von Fallersleben (1798–1874). Melodie: nach einem fränkischen Volkslied

Spiel und Tanz

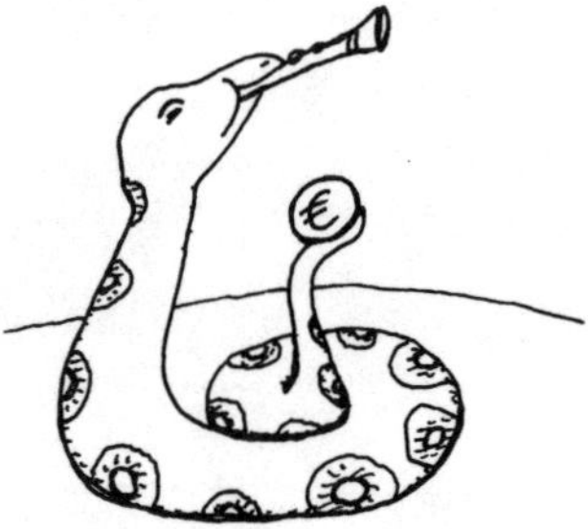

Taler, Taler, du musst wandern

Die Kinder sitzen eng im Kreis und geben während des Singens hinter dem Rücken möglichst unbemerkt eine Münze (den Taler) oder einen Knopf von einem zum anderen weiter. Ein Kind sitzt in der Mitte und muss den Taler finden. Wird ein Kind beim Weitergeben des Talers ertappt, ist es mit dem Suchen an der Reihe.

Volkslied

Ri, ra, rutsch

2. Ri, ra, ritten,
   wir fahren mit dem Schlitten.
   Wir fahren übern tiefen See,
   da bricht der Schlitten ein, o weh!
   Ri, ra, ritten,
   wir fahren mit dem Schlitten!

3. Ri, ra, russ,
   jetzt gehn wir fein zu Fuß!
   Da bricht uns auch kein Pferdebein,
   da bricht uns auch kein Schlitten ein.

Ri, ra, russ,
jetzt gehn wir fein zu Fuß.

4. Ri, ra, rutsch,
wir fahren mit der Kutsch!
Wir fahren mit der Schneckenpost,
wo es keinen Pfennig kost!
Ri, ra, rutsch,
wir fahren mit der Kutsch!

Volkslied

Ringel, Ringel, Reihe

Beim Singen fassen die Kinder sich an den Händen und laufen im Kreis, auf die Worte »husch, husch, husch!« setzen sich alle.

Text: aus *Des Knaben Wunderhorn.* Melodie: Volksweise

Es geht eine Zipfelmütz

Alle Kinder fassen sich an der Hand und gehen beim Singen im Kreis, ein Kind, die »Zipfelmütze«, geht innerhalb des Kreises in entgegengesetzter Richtung. Bei den Worten »bleib stehn« bleiben alle stehen. Die Zipfelmütze führt mit dem ihm nun gegenüber stehenden Kind die im Liedtext angegebenen Bewegungen aus, und bei den Worten »wir beide sind verwandt« haken sie sich unter und drehen sich einmal miteinander im Kreis. Jetzt ist das andere Kind die Zipfelmütze, und alles fängt von vorne an.

Text: aus *Des Knaben Wunderhorn.* Melodie: Volksweise

Zeigt her eure Füße

2. Sie spülen den ganzen Tag.
3. Sie wringen den ganzen Tag.
4. Sie hängen den ganzen Tag.
5. Sie legen den ganzen Tag.
6. Sie bügeln den ganzen Tag.
7. Sie ruhen den ganzen Tag.
8. Sie tanzen den ganzen Tag.

Die Kinder fassen sich an der Hand und gehen beim Singen im Kreis. Beim zweiten Teil jeder Strophe bleiben alle stehen und ahmen die jeweils genannten Waschfrauen-Tätigkeiten nach.

Text: Albert Methfessel (1785–1869). Melodie: Volksweise

Mein Hut, der hat drei Ecken

Nach einem neapolitanischen Lied

Häschen in der Grube

Text: Friedrich Fröbel (1782–1875). Melodie: Karl Enslin (1819–1875)

Es, es, es und es

2. Er, er, er und er, Herr Meister, leb er wohl!
Ich sag's ihm grad frei ins Gesicht,
seine Arbeit, die gefällt mir nicht.

3. Sie, sie, sie und sie, Frau Meist'rin leb sie wohl!
Ich sag's ihr grad frei ins Gesicht,
ihr Speck und Kraut, das schmeckt mir nicht.

4. Ihr, ihr, ihr und ihr, ihr Jungfern lebet wohl!
Ich wünsch' euch all'n zu guter Letzt
einen andern, der mein' Stell' ersetzt.

5. Ihr, ihr, ihr und ihr, ihr Brüder, lebet wohl!
Hab ich euch was zuleid getan,
so bitt' ich um Verzeihung an.

Hessisches Handwerkerlied aus dem 18. Jahrhundert

Hänschen klein

2. Sieben Jahr, trüb und klar,
Hänschen in der Fremde war.
Da besinnt sich das Kind,
eilet heim geschwind.
Doch nun ist's kein Hänschen mehr,
nein, ein großer Hans ist er,
schwarz gebrannt Stirn und Hand,
wird er wohl erkannt?

3. Eins, zwei, drei geh'n vorbei,
wissen nicht, wer das wohl sei.
Schwester spricht: »Welch Gesicht«,
kennt den Bruder nicht.
Kommt daher die Mutter sein,
schaut ihm kaum ins Aug' hinein,
spricht sie schon: »Hans, mein Sohn,
grüß dich Gott, mein Sohn!«

Volkslied aus dem 19. Jahrhundert

Muss i denn, muss i denn zum Städtele hinaus

2. Wie du weinst, dass i wandere muss,
wie wenn d' Lieb' jetzt wär vorbei,
sind au drauß der Mädele viel,
lieber Schatz, i bleib dir treu!
Denk du net, wenn i en andre seh,
so sei mein' Lieb vorbei;
sind au drauß der Mädele viel,
lieber Schatz, i bleib dir treu!

3. Übers Jahr, wenn me Träubele schneid't,
stell i hier mi wiedrum ein,
bin i dann dein Schätzele noch,
so soll die Hochzeit sein.
Übers Jahr, da ist mein Zeit vorbei,
da gehör i mein und dein,
bin i dann dein Schätzele noch,
so soll die Hochzeit sein!

Schwäbisches Volkslied aus dem Remstal

Uhrenkanon

Text und Melodie: Karl Karow (1790–1863)

Jetzt fahr'n wir übern See

2. Und als wir drüber war'n,
da sangen alle Vöglein,
der helle Tag brach an!

3. Der Jäger blies ins Horn,
da bliesen alle Jäger,
ein jeder in sein Horn.

4. Das Liedlein, das ist aus,
und wer das Lied nicht singen kann,
der fang von vorne an!

Wer in der ersten Strophenzeile beim ersten Mal versehentlich das Zeilenschlusswort singt, muss ein Pfand abgeben.

Volkslied aus Böhmen

Auf der Mauer, auf der Lauer

Bei jeder Wiederholung wird bei den Wörtern »Wanze« und »tanzen« ein weiterer Buchstabe weggelassen, so dass aus Wanze Wanz, Wan usw. wird. Zuletzt tritt an die Stelle des Wortes eine Pause. Wer sich versingt, muss ein Pfand zahlen.

Volkslied

Es regnet

Kanon zu vier Stimmen

Zweimal durchsingen und nacheinander schließen.

Text: volkstümlich. Melodie: Karl Friedrich Zelter (1758–1832)

Heile, heile, Segen!

Volkslied

Hänsel und Gretel

2. Hu, hu, da schaut eine alte Hexe raus!
Sie lockt die Kinder ins Pfefferkuchenhaus.
Sie stellte sich gar freundlich.
O Hänsel, welche Not!
Sie will dich braten im Ofen braun wie Brot.

3. Als nun die Hexe zum Ofen schaut hinein,
wird sie gestoßen von unsrem Gretelein.
Die Hexe, die muss braten,
die Kinder gehn nach Haus.
Nun ist das Märchen von Hans und Gretel aus.

Spiellied aus dem 19. Jahrhundert

Dornröschen

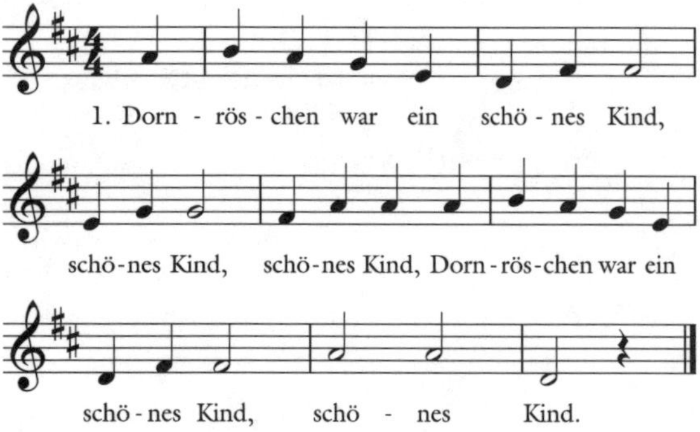

2. Dornröschen, nimm dich ja in Acht,
ja in Acht, ja in Acht,
Dornröschen, nimm dich ja in Acht,
ja in Acht.

3. Da kam die böse Fee herein,
Fee herein, Fee herein,
da kam die böse Fee herein
und rief ihr zu:

4. »Dornröschen, schlafe hundert Jahr',
hundert Jahr', hundert Jahr',
Dornröschen, schlafe hundert Jahr',
und alle mit!«

5. Und eine Hecke riesengroß,
riesengroß, riesengroß,
und eine Hecke riesengroß
umgab das Schloss.

6. Da kam ein junger Königssohn,
Königssohn, Königssohn,
da kam ein junger Königssohn
und sprach zu ihr:

7. »Dornröschen, holdes Mägdelein,
Mägdelein, Mägdelein,
Dornröschen, holdes Mägdelein,
nun wache auf!«

8. Dornröschen wachte wieder auf,
wieder auf, wieder auf,
Dornröschen macht der Königssohn
zur Königin.

9. Sie feierten ein großes Fest,
großes Fest, großes Fest,
sie feierten ein großes Fest,
das Hochzeitsfest.

10. Und alle freuten herzlich sich,
herzlich sich, herzlich sich,
es freute sich auch herzlich mit
das ganze Land.

Text und Melodie: nach Margarete Läffler, 19. Jahrhundert

Brüderchen, komm, tanz mit mir!

2. Mit den Händchen klapp, klapp, klapp,
mit den Füßen trapp, trapp, trapp!
Einmal hin, einmal her,
rundherum, das ist nicht schwer.

3. Ei, das hast du gut gemacht.
Ei, das hätt' ich nicht gedacht.
Einmal hin, einmal her,
rundherum, das ist nicht schwer.

4. Mit dem Köpfchen nick, nick, nick,
mit dem Fingerchen tick, tick, tick!
Einmal hin, einmal her,
rundherum, das ist nicht schwer.

5. Noch einmal das schöne Spiel,
weil es mir so gut gefiel.
Einmal hin, einmal her,
rundherum, das ist nicht schwer.

Text: nach Adelheid Wette (1858–1916). Melodie: nach Engelbert Humperdinck (1854–1921), *Hänsel und Gretel*, Märchenspiel in drei Bildern, 1. Bild

Es tanzt ein Bi-Ba-Butzemann

Text: aus *Des Knaben Wunderhorn.* Melodie: Volksweise

Heißa, Kathreinerle

2. Dreh wie ein Rädele flink dich zum Tanz!
Fliegen die Zöpfele, wirbelt der Kranz:
Didel, dudel, dadel, schrumm, schrumm, schrumm,
lustig im Kreis herum.
Dreh dich, mein Mädele, im heitren Tanz!

3. Heute heißt's lustig sein, morgen ist's aus.
Sinket der Lichterschein, gehn wir nach Haus.
Didel, dudel, dadel, schrumm, schrumm, schrumm,
morgen mit viel Gebrumm
fegt unsre Wirtin den Tanzboden aus.

Volkslied

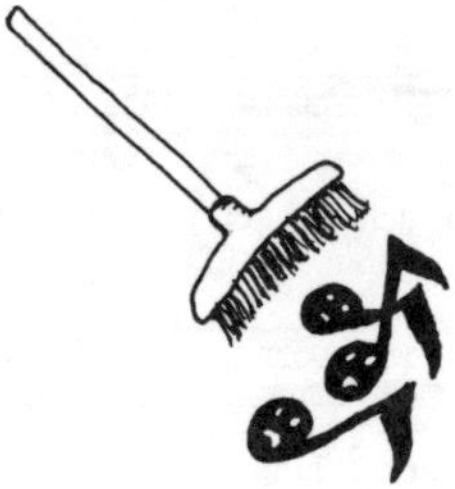

Handwerker

Backe, backe Kuchen

Volkslied aus Sachsen und Thüringen

Wer will fleißige Handwerker sehn

2. O wie fein, o wie fein,
der Glaser setzt die Scheiben ein.

3. Tauchet ein, tauchet ein,
der Maler streicht die Wände fein.

4. Zisch, zisch, zisch, zisch, zisch, zisch,
der Tischler hobelt glatt den Tisch.

5. Poch, poch, poch, poch, poch, poch,
der Schuster schustert zu das Loch.

6. Stich, stich, stich, stich, stich, stich,
der Schneider näht ein Kleid für mich.

7. Rühre ein, rühre ein,
der Kuchen wird bald fertig sein.

8. Trapp, trapp drein, trapp, trapp drein,
jetzt gehn wir von der Arbeit heim.

9. Hopp, hopp, hopp, hopp, hopp, hopp,
jetzt tanzen alle im Galopp.

Volkslied

Grün, grün, grün sind alle meine Kleider

2. Weiß, weiß, weiß sind alle meine Kleider,
weiß, weiß, weiß ist alles, was ich hab.
Darum lieb ich alles, was so weiß ist,
weil mein Schatz ein Müller, Müller ist.

3. Blau, blau, blau sind alle meine Kleider,
blau, blau, blau ist alles, was ich hab.
Darum lieb ich alles, was so blau ist,
weil mein Schatz ein Färber, Färber ist.

4. Bunt, bunt, bunt sind alle meine Kleider,
bunt, bunt, bunt ist alles, was ich hab.
Darum lieb ich alles, was so bunt ist,
weil mein Schatz ein Maler, Maler ist.

5. Schwarz, schwarz, schwarz sind alle meine Kleider,
schwarz, schwarz, schwarz ist alles, was ich hab.
Darum lieb ich alles, was so schwarz ist,
weil mein Schatz ein Schornsteinfeger ist.

Volkslied, erstmals 1870 aufgezeichnet

Es klappert die Mühle am rauschenden Bach

2. Flink laufen die Räder und drehen den Stein,
klipp klapp!
Und mahlen den Weizen zu Mehl uns so fein,
klipp klapp!
Der Bäcker dann Zwieback und Kuchen draus
bäckt,
der immer den Kindern besonders gut schmeckt.
Klipp klapp, klipp klapp, klipp klapp!

3. Wenn reichliche Körner das Ackerfeld trägt,
klipp klapp!
Die Mühle dann flink ihre Räder bewegt,
klipp klapp!
Und schenkt uns der Himmel nur immerdar Brot,
so sind wir geborgen und leiden nicht Not.
Klipp klapp, klipp klapp, klipp klapp!

Text: Ernst Anschütz (1780–1861). Melodie: 18. Jahrhundert

Was macht der Fuhrmann?

2. Er kam zum Fährmann:
»Ich fahr euch nicht, Gevattersmann,
gebt ihr mir nicht aus jeder Kist
ein Stück von dem, was drinnen ist.«
He, Fährmann, he, he, he, holla he.

3. »Ja«, sprach der Fuhrmann.
Und als sie kamen drüben an,
da öffnet er die Kist'n geschwind,
da war nichts drin als lauter Wind.
He, Fuhrmann, he, he, he, holla he.

Volkslied aus Westfalen

Ich bin ein Musikante

2. *Solo:* Ich kann auch blasen,
Alle: wir können blasen
Solo: auf der Trompete,
Alle: auf der Trompete:
Teng teng tereng, teng teng tereng …

3. *Solo:* Ich kann auch schlagen,
Alle: wir können schlagen
Solo: die große Trommel,
Alle: die große Trommel:
Pum pum perum, pum pum perum …

4. *Solo:* Ich kann auch spielen,
Alle: wir können spielen
Solo: die kleine Flöte,
Alle: die kleine Flöte:
Tü tü tü tü, tü tü tü tü …

Volkslied aus Schlesien

Eine kleine Geige möcht ich haben

2. Eine kleine Geige klingt gar lieblich,
eine kleine Geige klingt gar schön!
Nachbars Kinder und unser Spitz
kämen alle wie der Blitz
und sängen und sprängen
gar lustig herum.

Text: Heinrich Hoffmann von Fallersleben (1798–1874). Melodie: Franz Lachner (1804–1890)

Tiere

Alle meine Entchen

2. Alle meine Täubchen
gurren auf dem Dach,
gurren auf dem Dach,
fliegt eins in die Lüfte,
fliegen alle nach.

3. Alle meine Hühner
scharren in dem Stroh,
scharren in dem Stroh,
finden sie ein Körnchen,
sind sie alle froh.

4. Alle meine Gänschen
watscheln durch den Grund,
watscheln durch den Grund,
suchen in dem Tümpel,
werden kugelrund.

Nordhessisches Volkslied aus dem 19. Jahrhundert

Fuchs, du hast die Gans gestohlen

2. Seine große, lange Flinte
||: schießt auf dich den Schrot, :||
dass dich färbt die rote Tinte
und dann bist du tot.

3. Liebes Füchslein, lass dir raten,
||: sei doch nur kein Dieb, :||
nimm, du brauchst nicht Gänsebraten,
mit der Maus vorlieb.

Text: Ernst Anschütz (1780–1861). Melodie: Volksweise

Summm, summ, summ

2. Summ, summ, summ, Bienchen, summ herum!
Such in Blumen, such in Blümchen
dir ein Tröpfchen, dir ein Krümchen!
Summ, summ, summ, Bienchen, summ herum!

3. Summ, summ, summ, Bienchen, summ herum!
Kehre heim mit rechter Habe,
bau uns manche volle Wabe!
Summ, summ, summ, Bienchen, summ herum!

Text: Heinrich Hoffmann von Fallersleben (1798–1874). Melodie: Volksweise aus Böhmen

Suse, liebe Suse

2. Suse, liebe Suse, schlag's Gockerle tot,
es legt mir keine Eier und frisst mir mein Brot.
So rupfen wir ihm dann die Federchen aus
und machen dem Kindlein ein Bettlein daraus!

3. Suse, liebe Suse, das ist eine Not.
Wer schenkt mir ein'n Heller zu Zucker und Brot?
Verkauf ich mein Bettlein und leg mich aufs Stroh,
dann sticht mich keine Feder und beißt mich kein Floh.

Text: aus *Des Knaben Wunderhorn.* Melodie: Volksweise

Widewidewenne

2. Schwarz-und-weiß heißt meine Geiß,
Schmier-dich-ein heißt mein Schwein.

3. Ehrenwert heißt mein Pferd,
Gute-Muh heißt meine Kuh.

4. Wettermann heißt mein Hahn,
Kunterbunt heißt mein Hund.

5. Sammettatz heißt meine Katz,
Hupf-ins-Stroh heißt mein Floh.

6. Guck-heraus heißt mein Haus,
Schlupf-hinaus heißt meine Maus.

7. Wohlgetan heißt mein Mann,
Sausewind heißt mein Kind.

8. Leberecht heißt mein Knecht,
Spätbetagt heißt meine Magd.

Alle sprechen:
Nun kennt ihr mich mit Mann und Kind
und meinem ganzen Hausgesind'.

Volkslied aus Holstein

Kommt ein Vogel geflogen

2. Lieber Vogel, flieg weiter,
bring ein' Gruß mit und ein' Kuss,
denn ich kann dich nicht begleiten,
weil ich hierbleiben muss.

Text: Adolf Bäuerle (1786–1859). Melodie: Wenzel Müller (1767–1835)

Die Vogelhochzeit

2. Der Stieglitz war der Bräutigam,
   er singt zu Gottes Gloriam.

3. Die Amsel war die Braute,
   trug einen Kranz von Raute.

4. Der Sperber, der Sperber,
   der war der Hochzeitswerber.

5. Der Stare, der Stare,
   der flocht der Braut die Haare.

6. Die Lerche, die Lerche,
   die führt' die Braut zur Kerche.

7. Der Auerhahn, der Auerhahn,
der war der würd'ge Herr Kaplan.

8. Die Meise, die Meise,
die sang das Kyrieleise.

9. Der schwarze Rab', das war der Koch,
das sieht man an dem Kleide doch.

10. Der grüne Specht, der grüne Specht,
der war des Küchenmeisters Knecht.

11. Die Elster, die ist schwarz und weiß,
die bracht' der Braut die Hochzeitsspeis'.

12. Der Wiedehopf, der Wiedehopf,
der brachte gleich den Suppentopf.

13. Die Schnepfe, die Schnepfe,
setzt' auf den Tisch die Näpfe.

14. Die Finken, die Finken,
die gab'n der Braut zu trinken.

15. Der Storch mit seinem Schnabel,
der brachte Messer und Gabel.

16. Die Puten, die Puten,
die machten breite Schnuten.

17. Die Gänse und die Anten,
die war'n die Musikanten.

18. Der Pfau mit seinem bunten Schwanz
tat mit der Braut den ersten Tanz.

19. Frau Nachtigall, Frau Nachtigall,
die sang mit ihrem schönsten Schall.

20. Die Greife, die Greife,
die spielten auf der Pfeife.

21. Der Seidenschwanz, der Seidenschwanz,
der singt das Lied vom Jungfernkranz.

22. Der Kucku', der Kucku',
der spielt' die Laut' und sang dazu.

23. Der Geier, der Geier,
der spielte auf der Leier.

24. Der Papagei, der Papagei,
der machte drob ein groß' Geschrei.

25. Die Taube, die Taube,
die bracht' der Braut die Haube.

26. Brautmutter war die Eule,
nahm Abschied mit Geheule.

27. Das Finkelein, das Finkelein,
das führt' das Paar zur Kammer rein.

28. Der Uhu, der Uhu,
der schlug die Fensterläden zu.

29. Die Fledermaus, die Fledermaus,
die zog der Braut die Strümpfe aus.

30. Der Hahn, der krähet: »Gute Nacht!«
Jetzt wird die Kammer zugemacht.

Volkslied, um 1800

Kuckuck, Kuckuck, ruft's aus dem Wald

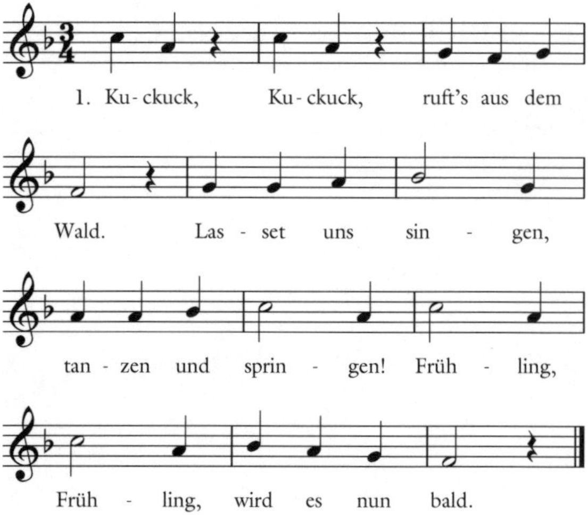

2. Kuckuck, Kuckuck
lässt nicht sein Schrei'n:
Komm in die Felder,
Wiesen und Wälder;
Frühling, Frühling,
stelle dich ein!

3. Kuckuck, Kuckuck,
trefflicher Held!
Was du gesungen,
ist dir gelungen:
Winter, Winter
räumet das Feld.

Text: Heinrich Hoffmann von Fallersleben (1798–1874). Melodie: Volksweise aus Österreich

Auf einem Baum ein Kuckuck saß

2. Da kam ein junger Jägers-
simsaladim bamba saladu saladim –
da kam ein junger Jägersmann.

3. Der schoss den armen Kuckuck –
simsaladim bamba saladu saladim –
der schoss den armen Kuckuck tot.

4. Und als ein Jahr vergangen –
simsaladim bamba saladu saladim –
und als ein Jahr vergangen war.

5. Da war der Kuckuck wieder –
simsaladim bamba saladu saladim –
da war der Kuckuck wieder da.

Text und Melodie: aus dem Bergischen, um 1830 erstmals aufgezeichnet

Der Kuckuck und der Esel

2. Der Kuckuck sprach: »Das kann ich!«
und hub gleich an zu schreiben.
||: »Ich aber kann es besser!«, :||
fiel gleich der Esel ein.

3. Das klang so schön und lieblich,
so schön von fern und nah,
||: sie sangen alle beide :||
»Kuckuck, kuckuck, ia!«

Text: Heinrich Hoffmann von Fallersleben (1798–1874). Melodie: Karl Friedrich Zelter (1758–1832)

Hoppe, hoppe, Reiter

2. Fällt er auf die Steine,
   tun ihm weh die Beine.

3. Fällt er in die Hecken,
   fressen ihn die Schnecken.

Volkslied, um 1800

Hopp, hopp, hopp!

2. Tipp, tipp, tapp!
   Wirf mich ja nicht ab!
   Zähme deine wilden Triebe,
   Pferdchen, tue mir's zuliebe,
   wirf mich ja nicht ab!
   Tippti, tippti, tapp!

3. Pitschi, patsch!
   Klatsche, Peitsche, klatsch!
   Musst recht in die Ohren knallen,

ha! das kann mir sehr gefallen!
Klatsche, peitsche, klatsch!
Pitschi, patschi, patsch!

4. Ha, ha, ha!
Juch! nun sind wir da!
Diener, Diener, liebe Mutter!
Findet auch das Pferdchen Futter?
Juch, nun sind wir da!
Ha, ha, ha, ha, ha!

5. Brr, brr, he!
Pferdchen, steh jetzt, steh!
Sollst schon heute weiterspringen,
muss dir nur erst Futter bringen.
Steh doch, Pferdchen, steh!
Brr, brr, brr, brr, he!

Text: Karl Hahn (1772–[?]). Melodie: Carl Gottlieb Hering (1766–1853)

Zwischen Berg und tiefem, tiefem Tal

2. Als sie satt gefressen, ’fressen war’n,
setzten sie sich nieder,
||: bis dass der Jäger, Jäger kam :||
und schoss sie nieder.

3. Als sie sich nun aufgesammelt hatt’n
und sie sich besannen,
||: dass sie noch am Leben, Leben war’n :||
liefen sie von dannen.

Volkslied aus Hessen, Anfang 19. Jahrhundert

Verzeichnis der Liedanfänge